Yb 1057

TRAGEDIE DE SOPHOCLES INTITVLEE ELECTRA, CONtenant la vengence de l'inhumaine & trespiteuse mort d'Agamemnon Roy de Mycenes la grand, faicte par sa femme Clytemnestra, & son adultere Egistus.

Ladicte Tragedie traduicte du grec dudit Sophocles en rythme Francoyse, ligne pour ligne, & vers pour vers: en faueur & commodité des amateurs de lune & lautre langue.

 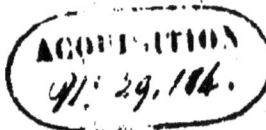

Imprimee a Paris pour Estiéne Roffet demourant sur le pont Sainct Michel a lenseigne de la Rose.

1537

Auec Priuilege.

Le Priuilége.

L est permis a Eſtiēne Roffet de faire imprimer la Tragedie de Sophocles ſoubz le nom d'Electra, traduicte en vulgaire frācoys. Et deffences a tous aultres de ne limprimer ne expoſer en vēte dedans deux ans prochainement venans, ſur poyne de confiſcation de dix liures, & amende arbitraire.

I. I. De meſmes.

DIFFINITION DE TRAGEDIE

TRagedie est vne moralite composee des grandes calamitez, meurtres & aduersitez suruenues aux nobles & excellentz personnaiges, comme Aias, qui se occist pour auoir este frustre des armes d'Achilles. Oedipus qui se creua les yeulx apres quil luy fut declaire cõmme il auoit eu des enfans de sa ppre mere, apres auoir tue son pere. Et plusieurs aultres semblables. Tãt que Sophocles en a escript six vingtz : entre lesquelles est ceste presente, intitulee Electra, pource quelle y est introduicte, & y parle tant bien & virilemẽt, que vng chascun sen peult dõner merueille.   Euripides aussi & plusieurs aultres ont compose pareilles Tragedies. Et la grace dicelles a anciennement si bien regne, que les roys & princes se mesloyent den composer, mesmemẽt Dionysius Roy de Sicile, & Herodes Roy des Perses, & assez daultres.

A ij

ARGVMENT ET MATIERE
de la presente Tragedie.

Agamemnon estãt au port de Aulide, allant a la chasse, print vng cerf ou vne bische q̃ estoit a Diana, de quoy la deesse courroucee fist arrester les ventz, en sorte que l'armee des Grecz ne pouuoit passer la mer pour aller en Asie assieger Troye la grand. Par quoy les augures & diuinateurs cõsultez du remede, respõdirent quil failloit (pour appaiser Diana) q̃ Agamemnõ luy immolast sa fille Iphigenia. Ce quil fit. De quoy Clytẽnestra sa femme courroucee, aussi pour la longue demeure de son absence, se enamoura de Egistus. Apres que Troye fut destruicte, Agamemnon fut tue de sa femme & de Egistus a son retour, luy estant a soupper. Quoy voyant Electra fille de Agamemnon, ayãt craincte que lon ne tuast aussi son frere Orestes, le bailla a vng Pedagogue pour le mener hors le pays, & le sauluer. ce que fut faict. Vingt ans apres, Orestes & son compaignon Pylades, guidez du Pedagogue, retournerẽt en leur maison, qui estoit en Argie & Mycenes, & forgerent faulses nouuelles de la mort de Orestes. Ou trouuerent la mere Clytemnestra sans Egistus: lequel estoit alle aux champs passer le temps,

Et ilz la tuerent. Puys Egiſtus retourne, luy monſtrerent ſa femme morte & couuerte. Et luy penſoit que ce fuſt le corps de Oreſtes. Mais a la deſcouurir, bien cógneut quil eſtoit ſurpris: & la par Oreſtes fut occis au propre lieu ou il auoit tue ſon pere Agamemnon. Mais qui vouldra veoir vne choſe tres artificiellemẽt faicte, veoye & contemple la recongnoiſſance de Oreſtes, & dicelle Electra, & deuant les arguz & reprehenſions de Electra, & de ſa mere la royne Clytemneſtra.

AV LECTEVR.

L A choſe eſt certeine, lecteur,
S ans qu'aultre que moy te le die,
A bien tranſlater, qu'ung autheur
R endre doibt par ſon eſtudie
E n tant bon ſens. La tragedie
D e Sophocle a ſens fort ſuttil
E n grec, croy qu'ung eſprit gentil
B ien ne la tourna ſans grand peine:
A bon ſens rendre, ſçaiches qu'il
Y F ault prudence bien certaine.

A iij

Senfuyuent les perfonnaiges qui parlent
en cefte prefente Tragedie.

Pedagogue, qui eft le maiftre & gouuerneur
　d'Oreftes.
Oreftes, filz du Roy Agamemnon.
Electra, feur d'Oreftes.
Chorus, qui eft vne compaignie de dames de
　Mycenes.
Chryfothemis, feur d'Oreftes & d'Electra.
Clytemneftra, femme d'Agamemnon.
Egiftus, Adultere de Clytemneftra.

Tragedie d'Electra.

PEDAGOGVE, QVI EST LE MAI-
STRE D'ORESTES.

O Filz d'Agamemnon, lequel iadis en Troye
Estoit ducteur des Grecz, monstrant dhonneur la voye,
A present tu peulx veoir ce qu'as tant desire,
Car vecy lancien Argos, tant espere:
Et la veoy tu le boys de la fille de Inache,
Qui par peur de Iuno, fut transmue en vache.
  Orestes, Cest icy, quest le marche Licous
Consacre a Phebus, quon dit tueur de loups:
Et la au coste gauche, est le celebre temple
De Iuno la deesse, a veoir beau, grand & ample.
  Nous sommes paruenuz a Mycenes la riche
Et veoyons la maison ou meurtres Dieu affiche
Des Pelopides est, dou te sauluay iadis
Du meurtre de ton pere, a des ans deux foys dix
Car ta seur te bailla a moy pour t'emporter
Hors pays, ce que feis sans grandment arrester,
Iusques a leage qu'as, tay nourry & appris,
Pour ton pere venger, qui par dol fut surpris.
  Or sus doncq Orestes, & toy Pylade aussi
En brief fault consulter que deuons faire icy:
Car de Sol la splendeur au matin reluysant
Fait chanter les oyseaulx, tant est a eulx plaisant.

A iiij

A ussi lobscure nuict les astres a lesse:
E t si voit on par tout, tenebres on cesse.
D euant donc qu'aulcun soit sorty de sa maison
C onuenez en propos, car il en est saison.
N e peur ny crainte fault a præsent plus auoir,
A ins faire lentreprinse en prudence & scauoir,

ORESTES.

D es miens le plus ayme, grans signes en ce lieu
M e móstres du vouloir q̃s tousioursvers moy eu
Car(cóme vng bon cheual)nó obstãt q̃ soit vieil
E s perilz ne pd point le cueur, ains lieue au ciel
L oreille droict sans cesse, ainsi toy nos induitz
A faire le debuoir,& des premiers nous suyz.
P ar quoy, si puys, en brief ie te declaireray
D u tout sans riens laisser, ce que deliberay.
D oncques a mon parler donne bonne audience,
E t s'en endroict ie faulx, radresse lignorance.
 Au temps que men allay au lieu diuinateur
Qui Pythique est nóme, & nest trouue méteur,
P our scauoir le moyen de la vengeance prendre
Des meurtriers d mó pere, & le cháge leur rédre,
P hebus me respondit ce que soudain orras.
 Sans targe & sans armet, entreprise feras.
P ar finesse & par dol te conuient peruenir
A tuet les meurtriers, & deulx a chef venir.
 Puys doncq qu'auons ouy tel oracle & respóse

V a dedans ces maisons, s'ainsi te semble bon ce,
P our en sçauoir le train, & tout nous rapporter
P ar ce moyē pourrós au faict mieulx nous porter
L e temps empeschera(lequel te monstre vieil)
Q ue soys recōgneu deulx, & soubsonne pour tel.
V se de ce propos. Estranger fains toy estre
D isant que tu ten viés de Phanoteus tō maistre
L equel des Phocyens est le plus grand amy.
D y que Orestes est mort, & si iure parmy
A ffermant estre cheut des chariotz courrās
A ulx Pythicques tournoys, tenāt a tous les rēgs.
P ar ainsi sans faillir ioueras ton personnaige
E t nous, nous en irons accomplir le messaige
Q ue Apollo nous a dit, c'est daller couronner
L a tumbe de mon pere, & au tour luy donner
A rrozemés & fleurs, & du poil de la teste:
A pres retournerons sans en faire aultre feste
A ffin que le vaisseau darain monstrer puissons
L equel (comme tu sçez) est caché es buissons.
E t leur porter nouuelle, a eulx fort aggreable
C est q̃ mon corps est mort, deuenu cēdre & sable
B rusle & redige plus menu qu'vng charbon.
N ul mal ce me fera, mais me semble estre bon
P ar parolle estre mort, & estre vif de faict
E n rapportant honneur qui couronne l'effect.
  Nul parler, pour vray, est mauluais sil y a fruit
Et aultres foys ay veu des saiges courrir bruit

Commēt ilz eſtoyēt mortz ſeullemēt de renom
Et au retour auoyēt plus grād bruit, loz & nom.
Quant eſt a mon endroit, ie prēdz en aduātaige
D apparoiſtre ſoudain, cóme vng aſtre ou oraige
A mes faulx ennemys, qui me penſeront mort,
Plus cler, plus reluyſant, que leſtoille de Nort.
  O terre patriote, & vous dieux du cartier,
Recepuez moy en heur, en ma voye & ſentier.
  O maiſon paternelle, a preſent ſuys venu
Admoneſte des dieux, ainſi quon a congneu,
Pour te purger p droit, de loultraige & meſfaict
Qui par noz ennemys vers mó pere fut fait.
  Las ne me deſchaſſez du pays diffame,
Ains faictes moy du mié, ſeigneur vray, & ame.
  Iay dit cela vieillard. garde a faire ta taſche,
Et nous irons, de peur que le temps ne ſe laſche
Le temps, du quel le poinct ie dis eſtre ſeigneur,
A quelq̄ hóme qui ſoit, de ſon heur ou malheur.

ELECTRA.

Helas moy malheureuſe.

PEDAGOGVE.

Mais nay ie pas ouy pleurs & gemiſſement
Daulcun de la maiſon, qui les fait tendrement?

ORESTES.

A laduenture ceſt Electra la pouurette
Qui la mort de mõ pere, ou moy abſẽt regrette
Te ſemble il bon qu'icy tous deux demourions
Pour au long eſcouter ces lamentations?

PEDAGOGVE.

Non, non: nentreprenons aulcune choſe faire
Deuãt qu'aye acomply d'Apollo tout laffaire.
Par la fault commancer, effundant le ſainct bain
Au tumbeau de ton pere, & nactẽdre a demain
Car ie croy que cela nous donnera la gloire
Par ſus noz ennemys, & deulx plaine victoire.

ELECTRA.

O ſaincte lumiere & clarte,
Et laer ſepare de la terre
Quantes foys auez eſcoutte
Mes pleurs de deul qui mon cueur ſerre.
 Nauez vous pas ſouuenteſſoys
De mes grandz coups ouy le ſon
Quand ma poictrine feriſſoys
Tous les matins par marriſſon?
 Si toute la nuict ie ſouſpire,
Mon lict au vray le peult ſçauoir,
Lequel eſt dreſſe en la pire
Maiſon, que point ie puiſſe veoir.
 Las comment ie pouure lamente
De mon pere la dure mort,

Lequel Mars qui tous hommes dante
N a peu tuer par son effort,
Q uant il fut pour Troye assieger.
M ais ma mere(si vraye mere est)
E t Egistus son mesnaigier
C omme vng buscheur en la forest
C ouppe le chaesne, ainsi le test
L uy ont fendu d'hache meurtriere
P ar trahison, & par derriere:
E t au tort faict nul prend arrest,
E xcepte moy, qui le plaingz mor
P ar si tresgrande cruaulte
D e ma mere, laquelle a tort
L uy fist tant de desloyaulte.
 Mais iamais ie ne cesseray
D e plorer, & me deust il nuyre
T ant que la nuict astre verray
E t de iour le soleil reluyre.
 Ie ploreray, & feray deuil
F aisant comme le rossigneuil
P aruenir mon son a chascun
S ans espoir de secours aulcun.
 O Maison denfer tenebreuse
P ersephone la despiteuse
E t toy terrestre auant Mercure.
 Vengence, Ara, a moy procure
E rinnyes filles des dieux

Qui regardez en tous les lieux
S'aulcun est mort iniustement
Ou tort a faict furtiuement,
Au lict sacre par mariage:
Venez, monstrez leur le visaige
Secourrez moy, vengez la mort
De nostre pere faicte a tort.
  Renuoyez moy bien tost mon frere
Pour m'ayder a ce que vueil faire
  Suffisante assez ne suys pas
Pour porter de tel deuil compas.

CHORVS, Qui est compaignie de dames

Fille Electra de male mere
La mort lamentes de ton pere
Sans iamais ten ressasier
Autant auiourdhuy que feis hier.
Lequel par ta mere sans foy
Et sans raison, sans dieu, sans loy,
Fut surpris par deception,
Et mys en la possession
Des mains de ceulx qui lont occis.
Ie prie a dieu en sens rassis,
Que cil qui est cause du faict,
Puisse mourir poure & deffaict
(S'il mest permys dainsi le dire)
Sans encourrir de dieu en ire.

ELECTRA.

Belle progenice, extraicte de noblesse
Venue estes vers moy pour me donner radresse
A mes maulx & douleurs, & consolation.
Ie le sçay, & entendz: bien voy ma passion,
Et ne la vueil laisser, car trop ie suys marrie
De la mort de mon pere, & fault q̃ tousiours crie.
  Mais vous qui sçauez si bien rendre
Grace a toute sorte damour,
Laissez moy a mon deul entendre,
Et my tormenter nuict & iour.

CHORVS.

Mais ton pere ressusciter
Ne peulx, ny a viure inciter,
Ou soit par pleurs, ou par priere.
En vain tu te donnes misere:
Car a telz maulx remede na,
Puys que la ius dol le mena.
Cest grand follie a toy daymer
Le deul qui test grief & amer.

ELECTRA.

Sans sens est cil qui nest recordz
De ses parentz, quand ilz sont mortz
Mais plus me plaist le roussigneul

Qui tousiours se plainct en son deul,
Criant Ityn, Ityn, es boys
Criant Ityn a haulte voix.
　Helas Niobe miserable
Il me semble bien raisonnable
Que ie t'extime pour deesse,
Car tu dis hee, hee, hee, sans cesse,
Car pleurs muce en vng tumbeau
Du quel ist larme & goutte deau.

CHORVS

Seulle nes pas en ce deul cy.
Ceans en a daultres aussi
Auecq qui tu viz en douleur,
Comme est Chrysothemis ta seur,
Iphianassa la ieunette,
Et Orestes deage secrette.
Mais tu nas toy la paragonne:
Ie voy que deul plaisir te donne.

FLECTRA.

Orestes fort heureux sera
Lequel tost venant recepura
La terre des Myceniens
En triumphe & pompeux moyens
Lequel iactendz sans men lasser,
Et de mary me fault passer.

D auoir enfans n'ay esperance,
D ont ie perdz toute contenance:
E t ça & la ie voys sans cesse
P leine de pleurs,& de tristesse:
T enant de tous maulx le chemin
D u quel ne puys trouuer la fin.
M ais luy (a ce que puys entendre)
D e memoire est labile & tendre,
E t ne luy souuient aultrement
D e moy, qui feis son sauluement
E t des nouuelles quil a sceues
P ar les lectres de moy receues.
 Que m'a il mande sans mensonge?
S on retour me semble estre vng songe,
I l dit tousiours quil veult venir
M ais le chemin nen peult tenir.

CHORVS

F ille, prendz cueur,& si t'asseure,
C ar le grand Dieu au ciel demeure
Q ui tout regarde de lassus,
L e bien ou mal qui est ça ius:
A u quel ton courroux conceder
T u doibz,& dire a luy ceder
S ans oultre raison prendre a cueur
C eulx qui t'ont faict tant de douleur.
 L e temps est vng Dieu fort aise,

Par lequel tout est appaisé:
Car le gent filz d'Agamemnon
N'est pas irretournable, non.
    Acheron est regy d'un dieu
Qui n'est pas tousiours en ung lieu.
        ELECTRA.
Mais le plus de mon aage passe
En desespoir, mon cueur se lasse:
Lasse ie suys, mon deul me myne
Moy de parens poure orpheline.
Nul veult aymer la desolee
Et si suys comme vne aduolee
Traictee en la maison mon pere,
Conte de moy on ne tient guere
Vous veoyez a l'acoustrement,
Regardez mon habillement.
        CHORVS.
Le bruit qui vint du retour sien
A toy, miserable fut bien,
A luy fut le banquet piteux,
Auquel par tant de gentz, & teulx
Receut le coup de la congnee.
Fraude en feit du tout la menee
Et Cupido le meurtrier fut,
Tant hideux faict homme ono ne sceut
                    B

Et leust fait dieu, ou le plus grand
Mortel homme au monde apparent.
ELECTRA.
O le iour que i'ay plus en hayne,
Que iour qui soit en la sepmaine.
O nuyct, o grandes passions,
O les grandes afflictions
De la mort que receut mon pere
Des doubles mains en grād misere
Lesquelles m'ont osté la vie
Du pere, dont morte desuie,
Lesquelles m'ont ainsi destruicte.
Ausquelz, Dieu qui lassus habite
L'olympien, vueille donner
Peine, qui les face ahanner
Au plus grand tourment de la bas.
Iamais n'ayent honneur n'esbats
En ce monde, puys quilz ont fait
Vng si cruel meurtre & meffait.
CHORVS.
Garde toy bien de trop en dire.
Ne congnoys tu que cest ton pire
Tumber en inconuenient
Pour motz que tu diz a neant?
Car a toy sans cesse tu tires

Douleurs, qui te font des martyres:
Et concoiz a lentendement
Cóbatz qui luy font grád tourment,
Cest peu de sens, de contester
A vng prince, & luy resister.
ELECTRA.

Es griefz es griefz contraincte suys,
Ie le scay, & celer ne puys
Le courroux qui se móstre en moy.
Mais es griefz nay peu tenir quoy
Le deul que iay, il fault quil sorte.
Cesser ne peult tát que soys morte.
   Duquel pourray iamais, o bonne nation,
Mieulx ouyr les propos de consolation?
   Mais laissez moy consolateurs,
Laissez moy viure en mes douleurs.
Indissoluble est mon plorer,
Ie vous en puys bien asseurer.
Tousiours ainsi lappelleray,
Et si iamais ne cesseray
D'ainsi plorer sans nombre & conte,
Sans en auoir ou peur, ou honte.
HORVS.

Ie t'admoneste en amytie
Fidelement, & en pitie

Et te dis comme mere ou seur
Par douleur nengendre douleur.
ELECTRA.

Quelle mesure ay a mes maulx
Pour faire a eulx mes pleurs egaulx?
Or sus, dys moy, est il honneste
Que les mortz en oubly lon mecte?
En quel cartier est mys le droict?
Honneur ne vueil en cest endroict.
S'aulcun est bon, & bien me veult
Ce neantmoins faire ne peult
Quaupres de luy soys sans plorer:
En cela luy vueil differer,
Et si ne puys sans deshonneur
Cohiber laelle du hault pleur
Car si le mort est cendre & rien
Et gist priue de tout son bien
Et eulx nauront punition
Pour mort, souffrans occision,
Perdue est la honte des hommes
Et religion ou nous sommes.
CHORVS.

Ie suys venue icy vers toy
Autant pour toy comme pour moy.
Si ce que diz, ne trouues bon

Deplorer te faiz abandon
Et ay de tétendre vouloir
Expose au long tout ton douloir.

ELECTRA.

Fort grand vergógne iay, o vous fémes dhóneur
Si me pensez foiblette a porter ma douleur
Et trop estre excessiue es lamentations,
Mais force my contrainct, & mes affections.
  Helas pardonnez moy, car com possible est il
Que fille de maison, & de cueur vray gentil
Ne face comme moy, s'elle veoit a loeil
Les grandz pernicions du pere, dont iay dueil
Lesquelles veoy de iour & de nuict pulluler
Sans dessecher en rien, dót fault braire & huller.
  Premierement, a moy, la mere qui ma faicte,
Me hait, & veult grád mal, & me vouldroit def-
Apres, en ma maisõ ie viz & si frequéte (faicte
Aucques les meurtriers, & contre mon entéte
Deulx ie suys imperee, & fault q̃ preigne d'eulx
Ce q̃ mest de besoing, soit chair, vin, pain & oeufz
  Oultreplus, cuydes tu, q̃ bon iour puisse auoir
Quant me fault Egistus assis au siege veoir,
Au siege paternel? & le veoir attourne
De robe & vestemens, dont fut iadis aorne,
Le veoir boire aux vaisseaux, tasse, couppe, ou ca
Ou mon pere buuoit en faisant sacrifice (lice

B iij

Le veoir sacrifier,& celebrer aux dieux
Ou le meurtre fut fait,& en ces propres lieux?
Le veoir au lict couche, luy meurtrier de mō pe
(Le cōble du malheur)ensemble auec ma mere (re
S'ainsi fault appeller tant malheureuse femme,
Qui couche auecq vng tel,sans pēser estre infa-
Et la veoit on auoir tāt d'impudēce en soy (met
Quel hāte le meurtrier,sans en estr' en esmoy.
Sās craindre aulcunemēt d'Erynnis la vēgēce,
Le iour quil fut tue,fait dresser vne danse,
Et immole brebiz aux dieux conseruateurs
Tousiours par chascū moys,affin quilz soyēt tu
De toute leur mesgnie,& fait derision (teurs
Du meurtre perpetre par telle occasion.
Et ie qui veoy cela,ie pouure infortunee
Larmoyāt me tourmēte, au grenier mal menee
Du malheureux festin,que repas on appelle
Qu'a mon pere fut fait,& si fault que me celle,
Car il ne m'est permys de plorer a plaisir,
Et ma mere ne veult men donner le loysir.
La vaillante me dit ainsi par grande iniure,
O hayne contre dieu,en toy seule est la cure
De la mort de tō pere,& nully deul n'en porte
Fors toy,ie prie a Dieu que brief te veoye mor-
Et les dieux infernaulx,apres estre perie (te
Ne vueillent de ton cueur oster telle crierie.
Telle iniure me fait,mais s'elle oyt la nouuelle

Qu' Orestes doibt venir, alors el nest plus telle
Ains crie contre moy enragee a demy,
Nest ce pas toy qui es cause de tout cecy?
Nest ce pas tō chefdoeuure?or tu seulle euahys
Orestes de mes mains, & transmys hors pays,
Mais sache pour certain, q̄ la peine en payeras
Puys que ien ay soucy, tu le mal en auras.

 Elle ainsi me rechigne,& son mary taschant
L'enhorte de ce fait, le plus de tous meschant,
L'iniure dun chascun, linfime des plus bas,
Qui veult auoir secours des femmes es cōbats.

 Mais ie poure peris, Orestes attendant,
Et seiche sus le pied (comme il est euidant)
Pensant que son retour sera le sedateur
d̄ mes maulx, mais ie voy, q̄l nest q̄ un cūctateur
Son, ie viēdray, me met du tout en desespoir,
Et lespoir me tollist, lequel pourroys auoir.

 Amyes, en telz maulx ie ne puys modeste estre
Et a deuotion de dieu mon cueur remettre:
Car force est en malheur faire male entreprise.

CHORVS.
Mais or dys moy, de peur que pler soys surprise
Est Egistus present?ou hors de la maison?

ELECTRA.
Las sil estoit present, pas ne seroit saison
Que veinse icy dehors, mais est alle aux chāps,

B iiij

CHORVS.
Puys qu'ainsi est, ie puys a seutte prēdre temps
D escouter ton parler, & te tenir propos.
ELECTRA.
O r diz ce que vouldras, car de luy iay repos.
CHORVS.
D e ton frere ie veulx si scauoir le pourray
Diz moy, s'il viēdra cy ſou doibt venir pour vray?
ELECTRA.
P our le moins il le dit, mais pourtāt riē nen fait
CHORVS.
S i tardif est, il crainct a faire vng si grand faict
ELECTRA.
S ans craincte le sauluay, en prenant hardiesse
CHORVS.
P rendz cueur, il ostera ses amys de destresse
ELECTRA.
I e le croy, sans cela ie fusse desia morte.
CHORVS.
T ays toy, ne diz pl⁹ mot, Sortir veoy de la porte
T a seur Chrysothemis, q porte entre ses mains
L es choses dōt on fait seruice aux mottz hūains
CHRYSOTHEMIS.
Pour quoy faiz d rechief, o seur, diz moy d grace
T es plainctes & douleurs icy en la court basse?
E t par lōgueur de tēps nullemēt veulx apprēdre
N ous faire aulcun plaisir, ny subiecte t'y rēdre.

Ie scay biē & cōgnoys(quāt est a mō endroit)
Que mon cueur est dolēt,& véger se vouldroit
Des choses quauons veu,& si sauoys puissance
Bien tost leur mōstreroys ce q̄ cōtre eulx ie pēse
Mais es maulx de present,il fault caller la voile
Si ne voulōs cuyder de prēdre aux dētz lestoille
Et sans leur faire mal,en vain nous tourmenter.
De ce(seur)ie vouldroys te pouuoir contenter
Et si scay bien pour vray,q̄ le droict est pour toy
Et pour ton iugemēt, mais raison est pour moy
Car sil fault que viuons en liberé franchise,
Obeir fault aux grandz,& tout faire a leur guise.

ELECTRA.

Grief est,que toy qui es produicte dung tel pere
Le mectes en oubly,pour lamour de la mere:
Car les enseignemēs,que a ceste heure mas faitz
Delle tu as appris,de toy ne sont ces faictz
Apres eslis des deux lequel meilleur verras
Folle seras ou saige,amys tu oublieras
Qui cy deuant disoys,que s'auoys le pouoir,
La hayne mōstreroys qu'a eulx tu doibz auoir
Et moy cerchant moyen de mon pere venger
Sans mayder mectz peine a mō vouloir chāger.
Cela nest ce mal faict & oultre lasche craincte?
A p̄s aprēdz de moy,ou aprēdz moy sans saincte
Quel gaing me viendra il si ie laisso a plorer?

Plus long temps me fera c' en vie demourer.
Ne viz ie pas? Ie viz tres mal, ie le sçay bien,
Mais si ie leur faiz deul, le mal ne me fait riens
Car leur deul est honneur au pouure trespasse,
Si bienfaict nest la ius pery ny efface.
Et toy, tu les hays seullement de parolle,
Mais de fait tu leur tiens la compaignie folle.
Dõcques moy, garde nay leur faire obeissãce
Et me deust on dõner ce dõt tu préds plaisance.
Toy seulle soys assise en table bien fournye
Et superfluite soit en toy bien garnye.
Mon repas seullement soit de leur faire deul,
Leur faire ennuy, cela sera mon viure seul,
Car ie nappete point auoir si grandz honneurs.
Pose ores q̃ ie soys bien saige, & de sens meurs,
Comme te soit permys estre dicte du pere
Le meilleur des meilleurs, dicte soys de la mere
Ainsi ressembleras a plusieurs tres mauluaise
Qui ton pere trahys pour plus viure a ton aise.

CHORVS

Pour dieu riés par courroux, car fruict on peult
  tirer
Du parler de vous deux, sans riens en empirer:
Toy, si tu veulx vser du parler quelle a dit,
Et si faire elle veult prouffit de tout son dict.

CHRYSOTHEMIS

Ie suys acoustumee,o femmes,de son dire,
Et neusse mention ia faicte de son ire,
Sinon que iay ouy que lon luy veult brasser
Vng tresgrãd mal,leql pourra ses pleurs casser.
ELECTRA.
Mais or diz moy le grief,car si pl' grãd se trouue.
Que ceulx la ou ie suys,le tien dire sapprouue.
CHRYSOTHEMIS.
Ie te diray doncq tout ce que ien puys scauoir,
A ffin quaulcun remede a ce puisses auoir,
Ilz ont delibere(si ne laisses ces pleurs)
De t'enuoyer en lieu ou auras plus douleurs:
Car clarte ne verras de soleil ny de lune
Visue ésermee en tour biẽ fort obscure & brune,
Et la hors du pays tu chanteras tes maulx,
Vng chãt biẽ fort piteux,p̃ nuictz & iours egaux
A duises y ma seur,sans me blasmer apres
S'aulcun mal il ten vient,car ie le diz expres.
ELECTRA.
Ont ilz delibere de me traicter ainsi?
CHRYSOTHEMIS.
Ouy,mais que Egistus soit de retour icy.
ELECTRA.
Viẽgne dõcq viẽgne tost,quãd pour ceste raisõ.
CHRYSOTHEMIS.

L as tu faiz contre toy priere & oraison
ELECTRA.
Que luy viengne sil veult me faire ainsi perir
CHRYSOTHEMIS.
Ou sont tes esperitz? veulx tu ainsi mourir?
ELECTRA.
Affin que loing de vous puisse prendre la fuyte
CHRYSOTHEMIS.
De ta vie aultrement nes tu point solicite?
ELECTRA.
Belle est pour faire feste, & sen esmerueiller
CHRYSOTHEMIS.
Belle, si tu vouloys par moy te conseiller
ELECTRA.
A estre ne mapprendz des amys negligente
CHRYSOTHEMIS.
Non nó, mais quaux seigneurs tu soys obediéte
ELECTRA.
Toy toy faiz leur la court, ma façó nest pas telle
CHRYSOTHEMIS.
Ne tumber par mauluais conseil, est façon belle
ELECTRA.
Tumber ie vueil, sil fault mon pere ainsi venger
CHRYSOTHEMIS.
Ton pere te pardonne a te mectre en danger
ELECTRA.
Tel parler peult auoir des bié mauluais louáge.

CHRYSOTHEMIS.
Te conuertir ne puys,tant es a moy estrange.
ELECTRA.
Tu nas garde iamais,tant ne suys de sens vuyde
CHRYSOTHEMIS.
Ie men vays dóc tout droit ou laffaire me guyde
ELECTRA.
Mais ou vas tu?diz moy,ou portes tu cecy?
CHRYSOTHEMIS.
Au tumbeau de mõ pere,& veult ma mere ainsi
ELECTRA.
Que diz tu?au plus grand de tous ses ennemys?
CHRYSOTHEMIS.
Lequel elle a tué,cest cil quen dictz tu mys
ELECTRA.
De qui persuadee?a qui plaire a ce peut
CHRYSOTHEMIS.
De frayeur quelle a eu dun songe quelle a veu
ELECTRA.
O doulx dieux aydez nous,pour le moins a ceste
CHRYSOTHEMIS. (heure
Quelle fiance as tu?qui est ce qui tasseure?
ELECTRA.
Dy moy la vision,& puys ie ten diray
CHRYSOTHEMIS.
Mais ie ne la scay pas bien reciter au vray.
ELECTRA,

Diz ce que tu en ſcez, car les parolles teues
Font faillir les humains, ou les radreſſent ſceues.

CHRYSOTHEMIS.

L'on dit qu'en ſonge a veu noſtre pere venir,
Et dedans le palays ſon ſceptre en main tenir,
Lequel iadis portoit, mais Egiſtus le porte,
Duql ſortoyét rameaux de merueilleuſe ſorte
Si grandz & plantureux que la terre couuroit
De tous Myceniens, & vmbre leur faiſoit.
Ainſi l'ay entendu daulcun qu'eſtoit deuant
Quand elle recitoit ſon ſonge au ſol leuant.
Plus n'en ſcay que cela, ſinon qu'elle m'enuoye
De peur quelle a, dont veult que face ceſte voye.

ELECTRA.

A preſent doncq pour dieu requeſte te feray,
Croy moy: & ſi ne faiz ainſi que te diray,
Quelquefoys requerras auoir a moy recours.
Mais mamye te pry, ce que tiens en tes mains,
Ne le meſtz au tūbeau, & ny faiz aulcuns biens
Car licite n'eſt pas, ne permys par loy ſaincte
Que par tel moyē ſoit iniure au pere épraincte.
  Seruice n'eſt, lequel au pere ordonne & fait
Femme de ce pays que plus el hait de fait,
Geſte au vēt tout, ou biē le cache en la pouſſiere
En ſorte q̃ iamais rien n'en viēgne en ſa biere,
Ainſoit comme vng treſor gardé en q̃lq̃ lieu

Pour elle quand mourra, de brief, sil plaist a dieu
Mais or disõs au vray, nest ce pas grãd audace
De faire au trespasse seruice de tel grace
Lequel elle a occis,& puys apres venir
L aorner de chappelletz, pour mieulx lẽtretenir
　Considerez sil peult auoir pour agreable
Le present a luy fait delle tant detestable.
D elle fut mutile, naure, & decoppe,
A ssõme cõme vng beuf deuãt quil eust souppe.
E t tu vas au tumbeau pour impetrer pardon
D u parricide, offrant de par elle vng tel don
　Ne le faiz pas ainsi, mais pour dieu laisse tout,
A ins prẽdz de tes cheueulx & des miẽs qlq bout
E t luy en faiz present, present petit pour vray,
M ais touteffoys ie faiz present de ce que iay.
　Oultreplus, porte luy mõ ceinct, q nest pas ri-
N y garny de boutõs, & alentour lafiche: (che,
P uis en te prosternant, demande que de terre
S orte pour nous ayder, & ql viegne a grãd erre
C ontre ses ennemys estre auxiliateur.
P rie aussi qu' Orestes viengne le cũctateur,
S i quil ayt la main forte, & poisse conculquer
S es ennemys, sans dieu a ire prouocquer,
A ffin que nous puissons de mains plus abũdãtes
L e couronner de fleurs, que ne sont les psentes.
　Ie pense certes, & cuyde qu ayant cure du cas
T el songe ayt enuoye a elle de la bas.

Mais toutesfoys ma seur, en tout ce obeys moy
Ce me sera grand ayde, & aussi bien a toy
Et au pere commun, lequel tous surmontoit
En amytie vers nous, du temps qu'en terre estoit
CHORVS.

Ce que ta seur ta dict, a dieu plaist, faiz le en doh
Si prudente tu es, & en actendz guerdon
CHRYSOTHEMIS.

Doncques ie le feray, car a deux resister
Ce hest raison a moy, & contre eulx disputer:
Ains auancer se fault, & faire promptement.
Mais pour dieu, tout le cas soit tins secretement
Car si ma mere oyoyt du faict quelque nouuelle
Grande raison auroit de men faire querelle
CHORVS.

Si ie nay le sens estourdy
Diuinatenr, & alourdy
Priué de bonne opinion,
En ma pronostication
Iustice bien tost sen viendra
Et en ses mains force tiendra
Et puhira les malfaicteurs
Qui du meurtre furēt aucteurs
   Iay merueilleuse confiance

Du songe,& sa signifiance
Car ton pere roy des Gregoys
Aura memoire quelque foys
De loultraige qui luy fut fait,
Estre venge veult du forfaict,
La hache aussi bien asseree
Sera du faict rememoree.
　Quand iadis loccist en grād hōte
Quelque iour du faict rēdra conte
　Aussi viendra la copieuse
De piedz & mains la furieuse
Erinnys, a son pied de fer
Qui se tient la ius en enfer
Elle assauldra le mariaige
Lequel fut brasse par oultraige
Sans lict, sans bāg, sans loz, sans loy,
Apres auoir occis le roy.
Et sus cela prendz esperance
Quilz mauldirōt la demōstrance
　Que le sōge a fait de leurs vices
Tant aux aucteurs qu'a leurs complices
Du point nest diuination
En songes ny en vision
Ny en responses ou oracles
Que dieu fait en ses tabernacles:
Si ce phantosme nest trouue
Et bien veritable approuue.
　　　　　　C

O course fort cheualeureuse
De Pelops,& laborieuse:
Tu as tant fait crier helas
Ce poure pays,qu il est las,
Car depuys que fut submerge
Myrtilus,& de coups charge,
Et vilainement mys a mort,
Mercure courrouce du tort
A tousiours enuoye malheur
En la maison,& chasse lheur.

CLYTEMNESTRA.

Ie te veoy de rechef dehors estre,a ta guise:
Egistus est absent,qui tenoit ta franchise
Deffendant le sortir,affin que tu ne fisses
Deshóneur aux parétz,ou vng seul mot ne disse
Mais a present quil est vng peu dehors alle,
Conte de moy ne tiens,ains souuent as parle
De moy en mauluais nom,disāt q̄ suys fascheu
En domination,& trop audacieuse,
Contre droict & raison,a fort mal te traicter.
Mais cela nest pas cas ou me vueille arrester:
A toy nul mal ay fait,mais mal dit,ouy bien:
Car souuēt mas mal dict,sans mespargner en r
Ton pere est seul,leq̄l as tousiours en la bouch
Et faire contre moy ne peulx aultre reprouch
Disant que cause suys de sa mort,il est vray:

Ie le scay si tresbien que nier ne pourray,
Seulle ne suys, cest droict, qui a venge loultrage
Auql droict tu deburoys adherer, s'estoys saige
Car ton pere, lequel tousiours pleurs & laméte s
Seul entre tous les Grecz fist venir en ses tentes
Ta seur, pour l'immoler cruellement a dieu,
Et neut pas tant de mal a laffaire que i'eu.
　Oultreplus, apprédz moy, en faueur de q fusse
Qu'il la sacrifia? pour les Gregoys donc fut ces
Mais a eulx n'est permys qlz tuassent la miéne.
　Pour son frere l'occist, aussi qu'elle estoit siéne
Et a moy, quoy? mon lot en estoit il perdu?
Pensoit il la tuer sans quil fust cher vendu?
N'auoit Menelaus deux enfans qui viuoyent,
Lesqlz pl⁹ tost mourir, que ma fille debuoyétt
Car ilz estoyent issuz & des peres & meres
En la faueur desquelz partirent les galeres.
　Auoit enfer plus grând desir dauoir mô fruict
Que le siê, pour q fut la guerre en si grâd bruict?
　Le pere auoit il mys hors lamour de sa fille,
Laquelle auoys portee honneste & tant gentille,
Et vouloit plus de bien aux filles de son frere?
N'est ce signe euident dun fol & mauluais pere?
　Ainsi le doibz penser, ores posé que soys
D'opinion contraire, & si ta seur pouuoys
Ouyr parler dembas, ainsi le diroit elle.
Quât a moy, ie nay peur quô m'extime cruelle

C ij

Pour la vengeance faicte,& n'en ay repentence:
Et ie qui tiens pour moy, de fait iuste sentence
Si ie te semble auoir mauluaise oppinion,
Diz le moy par doulceur sans reprehension.

ELECTRA.

Pour le moins, a present tu ne diras que iaye
Dit mot qui te despleust, si tu veulx estre vraye.
Mais si me veulx permectre, a dire mon plaisir,
Pour les deux trespassez, ce pédant qu'ay loysir
Pour le pere & la sœur, ien diray droictement
Ce qu'en puys extimer a mon entendement.

CLYTEMNESTRA.

Et ie le te permectz, si tousiours ainsi eusses
Commance tes propos, moleste a moy ne fusses.

ELECTRA.

Ie te dy que tu diz parolle a toy infame,
Mon pere auoir tué, toy qui estoys sa femme
Soit a tort ou a droict, riens n'est pl⁹ deshoneste,
Oncq vng tel cas ne fist la plus cruelle beste
Qui soit en les deserts, & te diz dauantaige
Que las fait sans raison, suadee au langaige
D'un meschant adultere, auec qui tu te mys.
Et si tu veulx scauoir, demande a Artemys
La gente venatrice, pour quoy elle tint quoy

Les vêtz au port d'Aulide,ou biē lētēdz d' moy
Car licite nest pas que nous le saichons d'elle
Nous q sommes mortelz,& elle est immortelle.
　Iadis mon pere fut(ainsi qu'entendz)chasser
Au boys de Diana,pour la son temps passer
Et print vng cerf courable,ayāt grāde rameure
En deffaisant lequel,par gloire,fist iniure
De ālque mot quil dist,de quoy fut courroucee
La fille de Lato,& fist arter larmee
Des Acheens & Grecz,voulant pour récópense
Que sa fille immolast,sil vouloit deliurance
De larrest des Gregoys,& faire quilz partissent
Pour a Troye passer,& au pays sen vinssent.
Parquoy luy efforce,& contrainct de ce faire
Mal gre luy limola,pour aux Gregoys cóplaire
Non pour Menelaus,& sil leust fait mourir
Pour luy(comme dsoys)la voulant secourir
Le failloit il pourtant ainsi mourir par toy?
Diz moy par quel raison?par āl droict,p āl loy?
Garde qu'en imposant aux gens telle ordónāce
Ne te griefues tresfort,& donnes repentance.
　Lun pour lautre tuer,si raison permectroit
Tu premiere seroys mise à mort par bon droit,
Mais considere bien,si sexcuse a raison
Et diz moy(sil te plaist)or par quelle achoison
A present choses faiz tant infames & ordes,
Qui auec le meurtrier de ton mary t'accordes?

C iij

Et dors auecq luy, auecq lequel tu fis
Mon bon pere mourir, & pour luy le deffis,
Et de luy faiz enfans, & déboutes les tiens
Legitimes & bons, faictz par honneur, & biens.
　Mais te feble il au vray, chose bien fort estrage
Si vng tel cas ne peult auoir de moy louanges
Possible que diras (pour excuse fragile)
　ue tu te veulx venger de la mort de ta fille.
L excuse nen vault riens, car il nest raisonnable
Pour la fille espouser lennemy execrable.
Mais oultre nen diray, car moy t'admonester
Tu ne peulx endurer, sans fort te tempester,
Et vas par tout disant, que iniurions la mere,
Et d'elle disons mal, chose griefue & amere.
Mais ie t'extime pl⁹ enuers no⁹ pour maistresse
Comme pour mere, autãt q̃ me fays grãd rudesse
Et me nourriz tresmal, & suys par toy en mal
Tousiours exagitee, & par ton commensal.
　Et lautre qui par fuyte a euite ta main,
O restes est (ne scay) hors pays vif ou sain:
Lequel tu diz que iay nourry vindicateur
Contre toy: ainsi soit, sil plaist au createur:
Car ainsi leusse fait, sil m'eust este possible.
Mais fortũe a mes faictz cõtraire est, & nuysible
Et quãt a cest endroit, dy moy p tout mauluaise
Ou bien mal embouchee, ou tel mot qui te plaise
Car si nayfuement suys en telz cas experte

Ie ne deuse point de ta nature aperte.

CHORVS.

Ie la veoy brusler d'ire, & si cest a bon droict.
Excogiter ne puys(pour lextaindre)le troid.

CLYTEMNESTRA.

Consideration grande me fault auoir
Vers ceste cy, de peur de trop fort mesmouuoir,
Laquelle a tellement oultraige par iniure
Celle qui l'a portee:o quelle nourriture
Extimez qu'el feroit sans prendre en elle honte,
De tous cas qlz qlz soyēt, car de moy ne tiēt cōte

ELECTRA.

Saichez pour verite, que suys tresfort honteuse
Qu'il fault qu'ainsi vers toy ie soys iniurieuse,
Bien qu'ainsi ne te semble, apertement cōgnois
Que ie faiz par courroux ce q ie ne debuioys:
Mais tō faict my cōtrainct, & ta mauluaise sorte
Qu'il fault qu'oultre raison & le decent ie sorte
Car deshonnestete ne peult apprendre a dire
Aultre chose que mal, ou faire, qui est pire.

CLYTEMNESTRA.

O fille deshontee, est il vray que mes gestes

T'ont fait me dire ainsi parolles tant molestes?
ELECTRA.
Tu le diz, non pas moy, car de toy est louuraige.
Les faictz trouuent souuët le moyë du lãgaige.
CLYTEMNESTRA.
Au retour d'Egistus, bien ie te puniray
De ta si grand audace, & taire te feray.
ELECTRA.
V coy q̃ tu prëdz courroux, apres mauoir pmys
Dire ce que vouldroys, ou lescoutter nest mys.
CLYTEMNESTRA.
Ne me lerras tu doncq en bon heur dieu prier?
Doibz tu de telle sorte a moy venir crier?
ELECTRA.
Ie te laisse, & le vueil, prie tant que vouldras,
Car parolle de moy oultreplus tu ne oyras
CLYTEMNESTRA.
Ca les oblations, apporte moy mamye
Pleines de tous bons fruictz, affin q̃ dieu ie prie
Quil luy plaise m'oster la frayeur que iay eue
De male vision, qu'en mon dormant ay veue.
O Phebus protecteur de chascune maison
Ie te supplie entendz ma secrette oraison:
Car mon parler nest pas en presence damys
Dót le tout dire au cler, mon vouloir nest soubz-
Presente ceste cy, qui pres moy se côtiët(mys
De peur que par ennie, ou hayne qui la tient

Ne seme mon propos par toute la cité.
Mais ainsi que diray, entens mon recite.
　　Les phátosmes qu'ay veuz ceste nuict en deux
　　　songes
Si bien me signifiét, faiz les vraiz sans mésonges
Si mal, transporte les a tous mes aduersaires.
Et si a mon bonheur, tu veoiz aulcuns cótraires
Ne leur donne pouuoir par dol me dechasser
Mais faiz moy sans ennuy viure, & le téps passer
Les sceptres gouuernant de Atrides, & maisons.
Et auec mes amys viure en toutes saisons
Moy, aussi mes enfás, desquelz n'ay malueillãce
N'aulcune fascherie, ou aigre desplaisance.
Cecy o Apollo, entendz par ta pitié
Et nous l'octroye à tous, sans en faire moytié
De congnoistre, te pry, toutes noz requestes,
Desquelles ne dis mot, car vo' dieux scauãs estes
Et bien cóuenable est, que veoyez toutes choses,
Nonobstát qu'elles soyent en secret biẽ encloses
　　　　PEDAGOGVE.
Hostesses, dictez moy, pourroys ie point scauoir
Si d'Egistus est cy le palays pour tout veoir.
　　　　CHORVS.
Ouy, o estrangier, tu as bien deuiné
　　　　PEDAGOGVE.
Puys qu'a coniecturer la verité suys hõ,
Est ce point la sa dame sa la veoir semble royne

Chorus.
Tu diz vray, veoy la cy, ta parolle n'est vaine.
Pedagogue.
Royne, dieu te doint ioye, ie te porte nouuelles
Que toy & Egistus direz bonnes & belles.
Clytemnestra.
Ton parler fort me plaist, mais sçauoir ie voul-
Qui est cil q̃ vers nous p̃ amytie t'enuoye. (droye
Pedagogue.
Phanoteus Phocien te mãde vng fort grãd cas.
Clytemnestra.
Quel est il? dy le moy, car ie sçay que diras
D'amy, sans point mentir vng propos amyable.
Pedagogue.
Orestes est defunct, c'est chose veritable.
Electra.
Perie suys, c'est fait, ce n'est plus rien de moy.
Pedagogue.
Orestes est tout mort, n'en soys plus en esmoy.
Clytemnestra.
Faiz ton debuoir, entendz, dy moy la verité,
Le moyen de sa mort soit a moy recité.
Pedagogue.
Pour cela suys venu, le tout ie te diray.
Il fut a l'assemblee, & au Gregoys tournay
Des Delphicques esbatz, en vertu apparent
Car cõme on proposast le ieu du mieulx courãt

Tãt adextre & beau vint que sur tous reluysoit,
Mais encor sa vertu trop plus grande plaisoit,
Car il gaigna le pris: & pour en brief te dire,
L on ne pourroit trouuer son per en tout lëpire.
Et ce saiches pour vray que tous les cinq esbatz
Lesquelz sont proposez par iuges des combatz,
D iceulx il emporta lhonneur & la victoire:
Dont estoit repute heureux, digne de gloire.
Argien estoit dict, & Orestes nomme,
Et filz d' Agamemnon, roy preux & bien fame,
Lequel fist assembler les Grecz par son empire,
Mais baste de cela, quãd a vng dieu veult nuyre,
Il nest pas au pouuoir de lhomme leuiter,
Car luy le lendemain facile a inuiter
Chascũ a to⁹ cõbatz, quãd veit de cheuaulx estre
Dressant le cours, voulut la se monstrer adextre,
Et entra sur les rancz, auecq charioteurs
L un estoit Acheen, & laultre des iousteurs
Estoit de Sparte, ensemble aussi deux Libyens,
Et luy entre eulx menant cheuaulx Thessaliës,
Le cinquiesme faisoit, & le sixiesme auoit
Des poulains d Aetholye, Magnesien estoit
Le septiesme, & lhuytiesme auoit les blãcz che
Lequel estoit venu du pays des Eniaulx (ueulx
Puys le neufuiesme estoit d' Athenes, des dieux
Le Beotien fist de dix trouppe pfaicte, (faicte
Ou la en son droit rang chascun estoit mene.

Comme fut par le fort des iuges ordonné,
Et partirent ensemble au son de la trompette
En delaissant les reges dune ardeur & tempeste.
Fut tout soudain au cours du grand bruyt que
    faisoyent
Les charriotz courräs, dõt pouldres en yssoyẽt
Et tous meslez ensemble,a picquer ne faignoyẽt
Pour veoir soultrepasser leurs cõpaignõs pour.
Et la vo9 eussiez veu force escume sortir (toyẽt
Des cheuaulx,q souffloyẽt,& halloyẽt au courir.
Et luy se tenant pres d'lextreme colonne
Approchoit son moyeul: mais apres abandõné
La rene a vng cheual, lequel estoit adextre,
Et refreint daultre part cil qu'estoit a senestre.
Et du commancement les carres se tenoyent
Du tout en leur entier,& leur debuoir faisoyẽt,
Mais les mal embouchez poulains de Leniau
S en vont,apres auoir rompu rene & rangeau,
Et au retour faisans ia le septiesme cours,
Rencontrent front a frõt les carres Barceours.
Et de cela,lun laultre,a grand force rompit,
En tumbans lun sus laultre,ainsi que par despit
Dont le cãp Crisseen estoit plein de nauffraiges
Des carres & cheuaulx,& tous aultres bagaiges.
Quoy veoyãt cil d'Athene,ayãt tresbõne main
Arriere se retire,en restenant son train,
Et laisse la tempeste equestre au beau millieu.

Lors pouſſoit Oreſtes,le dernier en ſon lieu
Ses deulx cheuaulx derniers,ayant ſon eſperāce
De gaigner a la fin.Lathenien voyant ce
Comme tout ſeul eſtoit,incite ſes cheuaulx,
Les pourſuyuāt de pres,tant quilz furēt egaulx
Ou quelque foys lun deulx,laultre paſſoit auāt,
Et laultre auſſi paſſoit le premier pourſuyuant
Mais tous les aultres cours ſe tint droit & entier
Son carre dirigeant en ſa voye & cartier,
Tāt qu'au cheual tournāt,la gauche il abādōne,
Et ſans y penſer,heurte a lextreme colonne,
Et rōpt pres de leſſeul au millieu, les moyeulx
En tūbant du plus hault chetif & malheureux
Tenant entortillez les lores en ſes mains
Si quil cheut ca & la,ſeſcartans les poulains.
Et cō le peuple veiſt,le ieune hōme ainſi cheut
Seſcrie a haulte voix,& a pitie ſeſmeut
Diſant,q̄lz faictz faiſoit,pour mal luy en venir
Alors leuſſiez vous veu la cuiſſe au ciel tenir
Les iambes contremont,iuſqu'atant q̄ les gens
Arreſtans les cheuaulx de loſter furent gentz,
Tout ſenglant & meurtry,tāt q̄ nul eut puiſſāce
De ſes amys,auoir de ſon corps conghoiſſance.
Et ſoudain fut bruſle ſon corps,& mys,& beau
En cendre redige,en ce petit vaiſſeau,
Porte par Phoceens de volunte iguelle
Affin que tumbe il euſt en terre paternelle.

Telle est ceste aduenture a dire tresfascheuse,
Mais a veoir, cóme a nous, sur toutes doloreuse.
CHORVS.
La race perdre veoy des seigneurs ancians,
Lesquelz souloyent regner & dominer ceans.
CLYTEMNESTRA.
O mó dieu quest cecy? est ce vng heur miserable
Ou bié vng vray malheur, leql est prouffitable?
Las mon cas va tresmal, sil fault sauluer ma vie
Par les malheurs de moy, & toute ma mesgnie.
PEDAGOGE.
Quel desplaisir as tu (dame) de mon messaige?
CLYTEMNESTRA.
A uoir porte enfans, cest vng terrible ouuraige,
Car lon ne peult hayr cil qu'on a procree,
Bien qu'a nous faire mal se soit fort essaye.
PEDAGOG.
En vain (a ce que veoy) ie suys icy venu.
CLYTEMNESTRA.
Non, en vain, mon amy, de moy es retenu:
Car, comme en vain pourroys? quád mapportes
Euident de la mort, a ma vie propice? (indice
De cil quil sen fuyt hors de ma nourriture,
De mon sein & tetins, & maternelle cure?
Et depuys quil sortit, ne mest plus venu veoir,
Ains coulpable ma fait du pere mort pour voir
Et menasse tresfort, tant que ne puys dormir

Soit de iout, ou de nuyct sãs aise, ains fort gemir
Tãt q̃ nay fors qu'ēnuy pour ioye au demourãt:
Car tout le temps passe, iay vescu en mourant
De la peur que iauoys, mais auiourdhuy ie suys
De cela deliuree, & craincte auoir ne puys
De luy, ny de sa seur, qui est de ma famille.
Et tousiours me fait deul, cóme mauuaise fille
Qui deuore mon sang tout pur par sa menace,
Mais cela est failly, rompue est son audace:
Car doresenauant ie viuray en repos,
Sans plus ouyr menace, ou tel aultre propos.
      ELECTRA.
Helas moy malheureuse, a present fault plorer
O restes, ta fortune, & icy demourer:
Puys qu'ainsi tu es mort, de ceste qui te hais
Iniurie, qui est ta mere, est ce bien faitt
      CLYTEMNESTRA.
C'est bien fait quil est mort, & toy si tu lestoys.
      ELECTRA.
Escoute, o Nemesi, du trespasse la voix.
      CLYTEMNESTRA.
Elle a ouy ma voix, & delle est acomplie.
      ELECTRA.
Iniurie & triumphe, or es tu d'heur remplie,
      CLYTEMNESTA.
O restes doncq & toy auez cesse telz choses.
      ELECTRA.

Cessées les auons, & en sommes forcloses.

CLYTEMNESTRA.

Tu es digne d'auoir de moy vng bon present
Si le babil tu as cesse d'elle a present.

PEDAGOGVE.

Dõcque ie men réuoys, la chose est en hõneur.

CLYTEMNESTRA.

Non, non, tu ne seroys en cela mon honneur
Ne cil de cestuy la, lequel t'enuoye aussi.
Mais toy, entre dedens, & laisse ceste cy
Crier a haulte voix la malheureté delle,
Et de tous ses amys, & toute sa sequelle.

ELECTRA.

Mais vo⁹ semble elle point la mere malheureuse
De la mort de son filz estre fort doloreuse?
Mais el sest absentee, en riant du malheur.
  Orestes mon amy, tu as destruict ta seur
En mourant, car tu as emporté auecq toy
Le reste de lespoir, qui languissoit en moy.
C'est, q̃ vng iour tu viendroys estre vindicateur
De la mort de ton pere, aussi de moy ta seur,
Mais ores ie ne sçay plus que ie deuienne
Sans pere, seulle suys, & si ne suys plus tienne,

Et fault que de rechief serue en obeissance
Entre mes ennemys, sans d'eulx auoir vengence.
Mon cas se porte il bien? or plus ie ne seray
Auecq eulx, car leans plus ne demoureray:
Mais icy me lerray au plus pres de la porte,
Sans amy seicheray ma vie en telle sorte.
Et saulcun a despit m'ouyr ainsi crier
Grand grace me fera si tost me vient tuer:
Car plus ie nay desir d'arrester en ce monde
En viuant, ma tristesse en grand douleur abonde

CHORVS.
Mais ou est la fouldre de dieu,
Et le beau soleil reluysant,
Si ce regardant du hault lieu
Aux malfacteurs nest point nuysant

ELECTRA.
He, he, hay, hay, heu.

CHORVS.
Helas fille, que plores tu?

ELECTRA.
Heu.

CHORVS.
Trop gros ne parle point.

ELECTRA.
Tu me destruictz.

CHORVS.
Quoy, en quel point.

D

ELECTRA.
Car plus me griefueras
M'alleguant esperance.
Desespoir me feras
Et perdre patience:
Car il est tout appert
Qu'ilz sont mortz sans respit.
Ton reconfort me perd.
　　　Chorus.
De ce ne prendz despit,
Car Amphiaraus
Par la fraude des femmes
Est ia caché la ius.
　　　Electra.
He he, io io, heus.
　　　Chorus.
Et regne sur les ames.
　　　Electra.
Heus o pouure fille.
　　　Chorus.
Heus doncq, car Eriphyle
Fut fort pernicieuse
　　　Electra.
Doubtee malicieuse.
　　　Chorus.
Ie le scay, car il vint
Quelcun, qui auoit curé
D

Que la vengence on tint
D'une si grand iniure.
   Electra.
Mais ie nay rien de mon costé
Cil quen estoit, m'est ia osté.
   Chorus.
Miserable es sur les miseres
   Electra.
De cela ie scay les mysteres:
Car ie voy que le téps m'attire
De iours en iours deul & martyre.
   Chorus.
Nous vroyons ce que dis.
   Electra.
Ie vous pry par mes dictz
Plus ne soys consolee.
   Chorus.
Seras tu desolee
   Electra.
Car lespoir fraternel
Est mort, & nest plus tel.
   Chorus.
Tous mortelz souffrent mort.
   Electra.
Mais par si grand effort
A course de cheual
Trayne par mont & val

D ij

CHORVS.
Malheur est impreueu

ELECTRA.
Pourquoy non? s'il a peu
Comme estranger mourir
Et sans le secourir?

CHRYSOTHEMIS.
Par grand ioye ay laisse le decent, pour venir
Te trouuer, & vers toy mō soudain cours tenir:
Car plaisirs ie t'apporte,& repos des douleurs
Qu'au parauāt auoys en tes plainctes & pleurs.

ELECTRA.
Comment as tu trouué de mes maulx allegance,
Puys qu'on ne scauroit veoir qlq guerisō en ce?

CHRYSOTHEMIS.
O restes est venu, saiches que l'as ouy
De moy appertement, comme mē veoiz icy.

ELECTRA.
Mais es tu hors du sens? te mocques tu des tiens
Malheurs euidemment, & aussi bien des rhiens?

CHRYSOTHEMIS.
Par les dieux paternelz, ie dis sans mocquerie
Ie croy qu'il est venu, ce n'est poīt menterie.

ELECTRA.
Helas moy malheureuse, & de qui l'as tu sceut.
Qui est celuy, duquel si tost croy'te las peut.

CHRYSOTHEMIS.

Cest moy seulle sans aultre, euidēt signe ay veu,
Lequel a fermement le croyre m'a esmeu.
####### ELECTRA.
Quelle fiance as tu? a quoy prendz tu esgard,
Pour rapaizer le deul, qui en moy tousiours ard?
####### CHRYSOTHEMIS.
Pour dieu, escoute moy, & puys apres qu'auras
Entendu mon propos, saige ou sot le diras.
####### ELECTRA.
Si tu y prendz plaisir, diz moy ce qu'en as veu.
####### CHRYSOTHEMIS.
Ie te diray le tout, comme l'ay apperceu.
Depuys que iapprouchay l'ancien monument
Du pere, iaduisay du laict aulcunement
Espandu en des creux, & le vaisseau du pere
Orné de toutes fleurs par grant art & mystere:
Quoy voyāt, ieuz merueilles, & regarday autour
Si verroys point quelcun, qui la fust a letour
Et puys apres que ieuz biē cerché en tous lieux
Ie m'approuche plus pres du tumbeau doloreux,
Et aupres de la pyre ay veu dud'ieune poil
Nouuellement couppé, & la mit au soleil
Soudain me vint au cueur que c'estoit le indice
Du retour d'Orestes, qui tāsiours est propice:
Et le prenant es mains, ie n'ay mal ne dio
Mais soudain ieuz d pleurs & larmes plein le vis.
Et ores, & alors ie suys toute asseur
                    D iij

Que la tumbe ne fut en ce daultre honnoree.
A qui cōuiēt telz faictz, fors qu'a moy ou a toy?
Pour certain ie scay bien que ce n'a esté moy
Ny toy, car tu ne peulx sortir de la maison
Sans danger, pour aller aux dieux faire oraison.
La mere encores moins, & n'a pas telle vsance.
S'elle leust fait, soudain ié eusse eu cognoissance
Mais telz seruices sont d'Orestes, O ma seur,
Parquoy prēdz recōfort, le diable & le malheur
Nest pas tousiours sur vng, ny a vng huys ou por
Et si au parauant il fut de male sorte,   (te
Force qu'a ce iourdhuy noꝰ fera quelques biēs.

ELECTRA.
Long tēps a qu'ay pitie, dequoy tu ne scez rions.

CHRYSOTHEMIS.
Qui a il mon propos te fait il fascherie?

Electra.
Tu ne scez ou tu es, n'ou est ta fantasie.

Chrysothemis.
Cōmēt ne scay ie poit ce qu'ay veu tout appert?

Electra.
Il est mort o pourette, espoir de luy se perd,
N'ays plus esgard a luy, ny aulcune esperance.

Chrysothemis.
Qui le ta dit? tu sais que ie perdz contenance.

Electra.
Cil qui estoit aupres present quand il perit.

Chrysothemis.
Ou est il? merueille est, sil est vray ce quil dit.
Electra.
Leans fort aggreable, & a la propre mere.
Chrysothemis.
Helas, de qui estoit le seruice & mystere
Que veis faire au tumbeau par grād cōpassion?
Electra.
C'est quelcun qui faisoit commemoration
De la mort d'Orestes, en deul & en tristesse.
Chrysothemis.
Helas ie m'auançoys en grand ioye & liesse
Cuydant porter nouuelle a toy fort aggreable
Mais ie ne sçauoys pas le malheur detestable
Auquel nous estions, mais puys que suys venue,
Nouuelle douleur est de toy a moy congnoeue.
Electra.
Le cas se porte ainsi, mais si tu me veulx croire,
Tu te deliureras de ce malheur a gloire.
Chrysothemis.
Comment pourray ie bien ressusciter les mortz?
Electra.
Ie ne diz pas cela, tant ne suys de sens hors.
Chrysothemis.
Que cōmādes tu donc, qui soit en ma puissance?
Electra.
Oser en le faisant prendre la soustenance

D iiij

CHRYSOTHEMIS.
Bien sil y a prouffit, ne le vueil reffuser.
ELECTRA.
Nul peult venir a heur sans de labeur vser.
CHRYSOTHEMIS.
Selon le mien pouuoir a faire t'ayderay.
ELECTRA.
Or escoutte a present, ce que deliberay.
Tu sçez que sans amys no⁹ sommes demourees
Car le dieu des enfers nous en a separees:
Et tandis qu'entendoys que le frere viuoit,
I'auoys aulcun espoir que bien tost il viendroit
De l'oultrage exacteur, qui fut faict a mon pere:
Mais il est mort, parquoy ie n'ay attéte au frere,
Fors qu'a toy seul, affin qu'auecques ceste peur
De tuer le meurtrier n'ayés crainéte ou frayeur,
Le meurtrier Egistus, plus ne ten fault celer:
Car auquel temps veulx tu attendre & reculler?
Voiz tu qlque esperáce, ou puisse auoir attéte?
De gemir iour & nuict veulx tu estre contente?
Priuée de tes biens paternelz, & richesse,
Et si ne peulx auoir chose àultre que tristesse
Tout le temps de ta vie, & vieillir sans mary,
Sans lict, sans party, donc qui ne seroit marry?
Et n'ayés aulcun espoir que quelque iour viedra
Que tu pourras auoir tout ce quil te fauldra.
Egistus n'est si sot quil permette qui vienne

Enfans de ton cofte:& si tu vouloys croire
Mon conseil,tu donroys honneur, pitié, & gloire
A ṽ pere de la ius,& a ton frere aussi.
Apres on te diroit estre de cueur franchy,
Libere,& conquerroys vng mary par ta grace
En hault lieu, car chascun cerche la bonne race.
   D'aultre part, ne veoiz tu quel reputation
Dontoys a toy & moy par telle occision?
   Qu'est cil des estrãgiers ou dicy qui mesdist
Ains telz motz p̃ honeur de nous soudain ne dist
Regardez ces deux seurs par magnanimité
Ont saulue leur maison, & mys en dignité
En mectant en dangier leur vie, ont a mort mys
Le chef & principal de tous leurs ennemys.
On les doibt bien aymer, & tous les adorer
En chascune assemblee & feste venerer,
Chascũ leur doibt hõneur pour leur force & pe?
   Ainsi chascun dira de nostre hardiesse
Tant qu'honeur s'ensuyura apres q̃ seras morte
   Croy moy, faiz dõc(ma seur) tout ce q̃ ie t'en-
Donne secours au pere, aussi au frere tien, (horte
Et faiz cesser mes maulx, & les tiens aussi bien,
Et conghoys que honte est de viure vilement
A ceulx qui ont este engendrez noblement.
    CHORVS.
En telz ppos nous fault garnir de grãd prudẽce
Car elle nous donra a tous bonne asseurance

CHRYSOTHEMIS.

Et deuant que parler, ô femmes, s'elle eust eu
Quelque bô sens en elle, seurte garder eust peu.
Mais en quoy te fie tu, pour p̄ armes empr̄edre
Si tresgrand hardiesse, & au faict me cōpr̄edre?
　Ne veoiz tu q̄ tu es femelle, noh pas homme?
Et peulx beaucoup moins q̄ tes ēnemis en sōnt?
Et puys ilz ont pour eulx fortune, & vent a gre,
Mais de nous elle fuyt, & fait nostre malgre.
　Qui est celluy qui peult vng tel homme tuer,
Sans inconuenient, & en malheur tumber?
Garde ēn estāt mal, nꝰ gaignōs maulx plꝰ grās,
Sil est sceu q̄ ayons tins telz propos sur les rācz.
Mourir vilainement ne nous deliurera
Pour yser de telz motz, n'aulcun prouffit fera:
Car mourir n'est grand mal, mais quand il est le
Pour sō anxiete, c'est grād mal sil ne peult. (veult
　Mais ie te pry, deuant q̄ nous deux perissiōs,
Et nostre parente deserte nous facions,
Refrene ton courroux, & ce que tu as dit,
Ie le te garderay pour vng rien & indict.
Reprēdz dōcq ton sens, & par le temps apprēda
Quil fault a toy foyblette obeyr au plus grāds

CHORVS.

Croy la, car riens ny a qui plus face prouffit
Aux hommes, que preuoir, & sāge estre d'esprit.

Electra.
Riens inspere nas dit, car ie me doubtoys bien
Que de ce que diroys, tu nen feroys ia rien.
Dont il fault que ie feulle acompliſſé le faict:
Car ne vueil le laiſſer demourer imperfaict.
Chryſothemis.
Pleuſt a dieu qu'euſſes eu euers luy tel couraige
Quand le pere mourut, fait cuſſes bel ouuraige.
Electra.
Tel l'auoys de nature, helas laduis fut moindre.
Chryſothemis.
Faiz quil dure touſiours, ſans quo ie voye extain(dre.
Electra.
Sans me vouloir ayder, tu faiz enhortement.
Chryſothemis.
Qui veult mal faire auſſi, ſe trouue en mal ſouuęt
Electra.
I'extime ton bon ſens, mais ta craincte ie hay.
Chryſothemis.
Quand tu parleras bien, d'ouyr preſte ſeray.
Electra.
Bien dire ne te puys, iamais cela n'yoras.
Chryſothemis.
Au long temps aduenir, de ce iuge ſeras.
Electra.
Va ten, car ie ne veoy qu'ayes qläqu' ayde ou ſe-(cours.
Chryſothemis.

S i ay.mais de tõ sens les espritz sõt trop cour(
ELECTRA.
V a,tout ce que tay dit,a ta mere racompte.
CHRYSOTHEMIS.
S i grand mal ne te veulx, de luy faire vng t(
ELECTRA. (cont
Mais pour le moins congnoys,qu'en deshõneu(
CHRYSOTHEMIS. (mé meine
N on.mais pour euiter choses tant inhumaines
ELECTRA.
Que ie suyue fault donc ce que tu iugeras.
CHRYSOTHEMIS.
M ais q̃ ays pris tõ bõ sens,lors tu nous guydera(
ELECTRA.
G rief est,qu'en disant bien,mal extime mẽ viẽt
CHRYSOTHEMIS.
T u as dit droictement le vice qui te tient.
ELECTRA.
N e scez tu q̃ mon dire est de droict iuste & fort
CHRYSOTHEMIS.
M ais q̃lque foys le droict fait dõmaige & grand
ELECTRA. (tort
O r selon telles loix iamais ie ne viuray.
CHRYSOTHEMIS.
S i tu faiz vng tel cas,tu diras que diz vray.
ELECTRA.
P ourtant ie le feray sans craincte auoir de toy.

CHRYSOTHEMIS.
ans en prēdre conseil ne daultre, ny de moy?
ELECTRA.
Non, car maluais conseil est sur tout odieux.
CHRYSOTHEMIS.
Ton sens n'est point dentēdre a mō dict curieux.
ELECTRA.
Des lōg tēps lētrepris, ce n'est pas de ceste heure
CHRYSOTHEMIS.
Ie mē vaiz, car ie veoy qn vain parle & labeure
Mon propos ne peult estre a toy bien gracieus,
Et ie ne puys louer ton cueur audacieux.
CHORVS
Nous qui voyons la proudence
Des oyseaulx, & leur grand prudence,
Lesquelz esmeuz d'une pitié
Naturelle, & grand amytie,
Donnent aux aultres nourriture,
Desquelz sont sortis, & ont cure
De leur rendre le bien pour bien.
Nous pourtant, nous n'en faisons rien,
Mais par la fouldre & la tempeste
Du grand dieu, & le droit celeste
Long temps impunis ne seront
Ceulx qui en mal se trouperont.
O bruit humain qui court sur terre,
Va proclamer mon dict grand erre

Aux deux Atrides de la sus
Porte nouuelle de ca sus,
Qui leur sera tres despiteuse:
Car leur maison est fort hideuse,
Et les deux sœurs sont separees,
Et de leur vouloir esgarees,
Electre seulle est tempestee,
Et par trahison agitee,
Laquelle plaingt son pere mort,
Sans cesser, & gemist du tort,
Prenant passetemps a son deul,
Ainsi que fait le roussigneul,
Et point ne luy chault de mourir,
Ou en tenebres encourir,
Mais qu'elle puisse auoir vengence
Des deux, lesquelz on fait loffence.
 Qui est celluy qui par couraige
Semble yssu de plus hault paraige,
Nul bon qui se voit en malheur,
Veult faire honte a son honneur.
 Et toy deshonneur surmontant
Deux louanges viens rapportant
Par vne raison & propos,
Car sans plus tu rapportes los
D'estre bonne, & saige en effect,
Voy, & surmonteras de faict
Le grand pouuoir, & la richesse

Des ennemys pleins de rudesse,
Desquelz es en subiection,
Car ie te trouue en passion,
Et fortune mallement bonne,
Mais dieu par sa pitié te donne
Deux meilleures conditions,
Que par droict auoir no⁹ puissiõs.
Orestes.
O femmes, auons nous ouy la verité?
Sommes nous droit venuz a nostre vtilité?
Chorus.
Mais que demandes tu? que viens tu faire ainsi?
Orestes.
Nous cerchons Egistus, si point demeure icy.
Chorus.
Tu es le droit venu, ton diseur n'est coulpable.
Orestes.
Lequel de vous sera, qui de nous l'agreable
Presence pourra dire a ceulx qui sont leans?
Chorus.
Ceste, s'il fault qu'il soit dict par ceulx de ceans.
Orestes.
O femme, va & dis qu'il y a icy des hommes,
Qui cerchent Egistus, dy q Phoceus no⁹ sõmes
Electra.
Helas moy malheureuse, est ce vous qui portez
L'euidence du bruyt dont me desconfortez?

         ORESTES.
R iens ne scay de tó bruit, mais lon ma cómande
A nnuncer d'Orestes, Strophius la mande.
         ELECTRA.
E stranger, qui a il? Las que iay belle peur.
         ORESTES.
N ous portós, cóme veoiz, (ne ayes pl⁹ frayeur)
L es reliques de luy, en ce petit vaisseau.
         ELECTRA.
H elas moy malheureuse, or veoy ie le fardeau
D euant mes yeulx, veoy la toute sa sepulture.
         ORESTES.
S i tu plaingz d'Orestes la grand maladueture
S aiche que ce vaisseau son corps en soy cótiēne.
         ELECTRA.
E stráger, dóne moy, qu'être mes mains le siēne
Las pour lhonneur des dieux, afin q ie depleure
T oute ma race, & moy, & qui a present demeure
E n lamentation, auecques ceste cendre.
C ar au vouloir de dieu, ie veoy q se fault rēdre.
         ORESTES.
O r sus, presentez luy cela, qui q elle soit.
A u mort ne vouloit mal, puis qu'en deul la reçoit,
A ins est de ses amys, ou de son sang yssue,
D ont penser en ce cas, ie tremys & tressue.
         ELECTRA.
O monument de cil qui m'est le plus ame.

De lame d'Oreſtes,qui cy eſt inhume.
Las que ie t'ay receu bien loing de l'eſperance
Sur qui ie t'enuoyay, pour nous dóner végence.
  A preſent ie te porte es mains,& n'es plus riẽ:
Mais quand ie t'enuoyay,ie penſoys faire bien.
  Las q̃ l euſt pleu a dieu,q̃ pluſtoſt fuſſes mort,
Deuant que par ces mains t'euſſe ſaulue du tort
Et du meurtre angoiſſeux,pour t'éuoyer mourir
En eſtrange pays,ſans point me ſecourir,
  Alors ſi fuſſes mort,tu euſſes eu partie
Du tumbeau paternel,ſans faire departie:
Mais hors de tes maiſons es pery par malheur,
Fuytif en terre eſtrange,& ce ſans moy ta ſeur:
Et ie pourette n'ay ſeruice de mes mains
Fait aulcun a ton corps,ny dreſſe aucuns baings:
Et comme ie debuoys,recepuoir ie n'ay peu
Si piteable faix,de la flambe du feu:
Mais d'eſtrangieres mains tu fuz adminiſtre,
Et petit,eh petit vaiſſeau te veoy entre.
  Helas moy malheureuſe,ou eſt la nourriture
Que p̱ vng doulx labeur t'ay fait,& p̱ grãd curet
  Allee eſt a neant,las tu ne fuz iamais
Tant de ta mere ayme,que de moy.Ores mais
Que puys ie deuenir:las ceulx de la maiſon
Ne t'eſtoiẽt rien,& moy diɫe eſtoys par raiſon
Ta nourriſſe,& ta ſeur.mais cela en vng iour
Eſt perdu par ta mort,ce m'eſt terrible tour.
                                        E

Tout cela m'as rauy,& as oultrepasse
Comme vng estourbillon,le pere est trespasse.
De moy,ie suys perie,& toy mort par misere.
Noz ennemys en rycht,& la mere(nõ mere)
De ioye est hors du sens, de laquelle debuoys
Venir vindicateur,comme as mande cent foys.
 Mais tout nous est oste pͬ tõ malheureux ange,
Et aussi par le mien,lequel par grand ledange
A moy t'a renuoye cendre & vmbre inutile
En lieu de plaisant vis,& de force gentile.
 Ayme me
O corps miserable,
Las moy pitoyable
Ayme me,
O doulx chef fraternel,le malheureux chemin
Auquel ie t'enuoyay,est cause de ma fin:
Ie te pry,recoy moy en cestuy vaisseau tien,
Moy qui suys vng neãt,en toy qui n'es plus rien,
A fin que desormais la bas soys auec toy:
Car quand estoys ça sus, sauoys ɛultãt d'esmoy
De tõ bien, que du mien, mais mourir a present
Vueil, affin que mõ corps ne soit du tien absent:
Car ie ne veoy les mortz auoir en eulx tristesse.
 Chorus.
Tõ pere estoit mortel(entẽdz)ces propos laisse
Et mortel Orestes, trop ne t'en fault gemir
Electra, nous debuons tous vng tel cas souffrir.

Oreſtes.
Las que diray?dequoy feray ie ma harangue?
Ie ne ſcay plus cōment pourray tenir ma lāgue.
Electra.
Quelle douleur as tu?pourquoy diz tu cela?
Oreſtes.
Mais eſt cecy le gent viſaige d'Electra?
Chorus.
Ceſt luy meſmes ſans aultre,& treſſort mal mene
Oreſtes.
Helas que ie ſuys bien en la malheure ne.
Electra.
O eſtrangier,pourquoy gemys ainſi de moy?
Oreſtes.
O corps meſchantement mys en ſi mal arroy.
Electra.
Eſtranger,tu ne parle a aultre qu'a moy ſeulle
Oreſtes.
Impoſſible eſt teveoir ſans q̄ mō cueur ne deulle.
Electra.
Pourquoy regarde tu vers moy en gemiſſant
Oreſtes.
Las q̄ riens de mes yeulx ie n'eſtoys cōgnoiſſant.
Electra.
En quoy l'as apperceu,dy moy,en quelle ſorte?
Oreſtes.
Voyant qu'en tant de maulx nully te recōforte.

E ij

Electra.
Touteffoys tu ne veoiz d̄ mes maulx qu'un biē
Orestes. (peu.
Mais biē possible est il q̄ plus griefz on ait veu?
Electra.
Car auecq les meurtriers malgre moy fault q̄ vi
Orestes. (ue.
De qui?qu'est ce que dis en couuert tāt hastiue?
Electra.
De mon pere,& apres leur sers par violance.
Orestes.
Dys moy,qui te y cōtrainct p̄ sō oultrecuydāce?
Electa.
On la dit mere,mais de mere riens ne tient.
Orestes.
De ses mains est ce,ou quoy,qu'en telz maulx te
Electra. (detient?
Par mains,par vilennie,& aussi par iniure.
Orestes.
Cil qui te doibt ayder,de venir n'a il cure?
Electra.
Cil qui debuoit venir,m'as presente en cēdre.
Orestes.
Las en te regardāt,mō cueur sens de deul fēdre.
Electra.
Toy seul de tous humains as eu pitie de moy.
Orestes.

Car seul ie viēs dolēt de tes maulx q̄ ie veoy.
Electra.
Viens tu point mon parēt? dy moy, de q̄l costé
Orestes.
Ie le te diray bien, si subson est osté.
Electra.
Ceste trouppe ne crains, elle nous est fidelle
Orestes.
Laisse doncq ce vaisseau, si scauras la nouuelle.
Electra.
Nō pour dieu estrāger, ne me faiz tel oultraige
Orestes.
Croy moy, & tu seras sans faillir tousiours saige
Electra.
Ne me oste, ie te pry, les choses que plus i'ayme.
Orestes.
Point ne le permectray.
Electra.
Las malheureuse femme
Orestes, si lon me oste ainsi ta sepulture.
Orestes.
Tu le gemis sans droict, de tel cas n'ay ed plus cu
Electra.
Commēt, plaingz ie sans droict, mō frere qui est
Orestes.
Tu ne peulx tel propos tenir de luy sans tort.
Electra.
E iij

Forcluse suys ie ainsi du frere trespasse?
Orestes.
Tu n'es de riens forcluse, ains soit ton deul passe.
Electra.
Comment, si d'Orestes ie porte icy le corps?
Orestes.
Ce n'est pas Orestes, croy moy qu'il en est hors.
Electra.
Ou est doncq le tumbeau du poure souffreteux?
Orestes.
Point n'est, car du viuant n'est le tubeau piteux.
Electra.
Las que diz tu mon filz?
Orestes.
Mensonge ie ne diz.
Electra.
Mais en vie est il point?
Orestes.
Il vit, si veoiz a point.
Electra.
Las, mais es tu point luy?
Orestes.
Veoy ce cachet icy,
Lequel fut de mon pere.
Veoy, c'est verite clere.
Electra.
O par sur tous ayme.

       Oreſtes.
A cela ne derogue,
Qui m'as tant reclame.
       Electra.
Helas es tu venu
O frere amy congneu?
       Oreſtes.
D'ailleurs ne l'interrogue.
       Electra.
Ie t'ay entre mes bras.
       Oreſtes.
Le reſte tu auras.
       Electra.
O femmes que pl' i'ayme, o bourgeoiſes de ville
Regardez Oreſtes par fiction habille
Faict mort, & de retour ſaulue ſans fiction.
       Chorus.
Fille, nous le veoyons, en grand compaſſion,
Et des yeulx larme ſort ioyeuſe & delectable.
       Electra.
Venue eſtes du corps a moy tant amyable
Trouue aues & veu, ce que vous ſ...
       Oreſtes.
Venuz ſommes, mais faole q ores vo...
       Electra.
Qui a ill...
       Oreſtes.

E iiij

Taire se fault vng peu, de peur qu'aulcũ no'oye
Electra.
Par la vierge Arthemys, ie suys en si grand ioye
Que ne puys auoir peur d'un superflu fardeau
De femmes, qui leās est tousiours en trouppeau
Orestes.
Garde q̃ le dieu Mars quelque foys ne se treuue
En femmes, car tu l'as bien cõgneue p l espreuue.
Electra.
Helas vray dieu de haulte gloire
Tu me remectz en la memoire
Vng mal qui m'est obnubile.
Oublier ie nen puys l'histoire,
Tant est en mon sens sigille.
Orestes.
Ie le scay comme toy, mais quand loccasion
Si donra, nous ferons de telz faictz mention.
Electra.
En tout temps, en tout tẽps, iuste est q̃ ierr diuise
Car a peine iay eu loy de dire a ma guise.
Orestes.
Ie te laccorde bien, garde tel don tousiours
Electra.
Quelt
Orestes.
Le tẽps nest d'en parler, faiz tes ppos plus coufz
Electra.

Qui est cil qui voyant icy ton apparence,
En lieu de bien parler voulsist faire silence?
Puys que indiciblement
Et insperablement
De ta personne iay
Veu la presence au vray.
  Orestes.
Tu m'as veu, quand les dieux
M'ont poussé en ces lieux.
  Electra.
Tu dis la souueraine
Des ioyes que ie mayne.
  Si dieu par ses oracles
Ta fait aux habitacles
Venir de noz maisons,
Par cela prendz raisons
Que dieu nous aydera,
Et secours nous fera.
  Orestes.
En partie iay peur de cohiber ta ioye,
Et si crains fort que d'elle hors de toy mise soya.
  Electra.
O toy, qui as voulu, apres long temps passé,
Prendre vng chemin, lequel a tant esté lassé,
Las apres que ma veue abondamment t'a veu
  Orestes.

Que te feray ie doncq?
Electra.
De prendre mes plaisirs
Sans plus long estriuer,
Ne me vueilles priuer,
Et veoir ta belle face.
Orestes.
I'auroys fort malle grace
Si le vouloit aultruy,
Que i'en prinsses ennuy.
Electra.
Le veulx tu doncq a certes?
Orestes.
Pour quoy non, ouy certes.
Electra.
Amyes, i'ay ouy
La voix qui dit ouy,
Que point ie n'esperoye.
Courroux muet i'auoye:
Et puys qu'ay entendu
Que vers nous t'es rendu,
Crainte fort me retard,
Mais ton plaisant regard
S'est apparu a moy,
Duquel nul mal esmoy
Me fera oublier.
Orestes.

Laisse le superflu, mieulx vault que lon se taise,
Et si ne m'apprēdz point, q̄ la mere est mauluaise
Et qu' Egistus destruict les biens de la maison,
Et les pille, & les gaste, & despend sans raison,
Car le parler perdroit nostre opportunite.
 Mōstre moy seullement (pour nostre vtilite)
Ou nous pourrōs cacher ou mōstrer au besoing
Car il fault tous ensemble auoir en soy le soing
De trouuer le moyen que tous noz ennemys
Soyent p̄ force cōtrainctz, q̄ soit leur ris demys
Et si trouue facon que la mere ne veoye
Quand leans entrerons, a ton vis ta grand ioye
Ains gemys com s'estoys en grand calamite
Du propos que tenons, par vng faict recite,
Car quand a plain souhait bien fortunez serons,
Alors en liberte nous nous resiouyrons.
   Electra.
O frere, ainsi soit faict comme il te semblera:
Car mon vouloir tousiours au tien l'accordera,
Et la ioye que i'ay, ie ne me l'ay conquise,
Ains l'ay prise de toy, dōt vueil faire a ta guise:
Pour grand gaing ne vouldroys a toy bien peu
Ne cōtre l'entreprise aulcūe chose faire (desplaire
Et scaiches qu' Egistus n'est pas en la maison,
Mais la mere, ouy bien, a la quelle achoyson
Aulcune ne donrray, quelle appercoyue goutte
De la ioye que i'ay, de cela ne faiz doubte.

Car la hayne que i'ay de long téps eu cōtre elle,
Et auſſi puys qu'ay veu ſi plaiſante nouuelle
De ton retour, iamais ne me pourray tenir
Quō ne veoye a mes yeulx larmes & pleurs ve-
Car cōmēt ceſſeray, moy qui par vng inſtāt (nir
T'ay veu mort, & puys vif, dōt mō cueur neſt cō
To⁹ cas inoppinez. tu mas fait, dōt ie croy (ſtātē
Que ſi ie voyoys cy vif mon pere auecq toy,
Ie ne l'extimeroys choſe miraculeuſe,
Ains ie croyroys le veoir, ſās en eſtre doubteuſe.
   Puys dōcq q̄ par tel voye a nous tu tes rendu,
Commence a ton plaiſir, car bien las entendu,
Et de moy, ieuſſe fait lung des deux ſans faillir,
Car ieuſſe faict du tout mon malheur deffaillir,
Et mon deul & ennuy, ou bien ie fuſſe morte.
        Chorus.
I'oy ſortir de leans, dont le taire t'enhorte.
        Electra.
Entrez, quād cas portes, q̄ nul peult recepuoir
Ou reffuſer, & ioye en ſoy aulcune auoir.
        Pedagogue.
O grandz folz, & deſquelz le cerueau ſe deſuie,
N'auez vous aultrement egard a voſtre vie?
N'y a il point en vous aulcun naturel ſens?
Ne voyez vous cōmēt vous n'eſtes point ables
Des dangiers & perilz, & non ſeullement preſt
Car ſi cilz ne me fuſſe en ces lieux tout expres

long tẽps a, pour garder, tout fut ia descouuert,
Deuant q̃ aulcun de vous fust entre a couuert,
Mais i'y ay pris esgard, laissez les lõgz propos,
Et ce hault cry de ioye, & entrez bien dispos
Dedans, car il est temps, & fort dangereux est
En telz cas retarder, ains fault le faire prest.
Orestes.
Quãd i'entreray leans, bien va tout nostre cas
Pedagogue.
Tresbien, nul te y cõgnoist, il t'estimẽt biẽ bas.
Orestes.
Sõt de ma saincte mort nouuelles de toy dictes
Pedagogue.
Apprendz toy qui cy es, q̃ es enfers tu habites.
Orestes.
S'en resiouyssent ilz? quel en est leur propos?
Pedagogue.
Mais que nous ayons fait, le sçauras en repos:
Mais pour le tẽps present leur cas ce porte bien,
Et non bien.
Electra.
Las pour dieu diz moy sur toute rien
Frere, qui est cestuy?
Orestes.
Ne le congnoys tu point?
Electra.
Nõ. de luy n'ay memoire, & viẽt tout biẽ apoint.

Orestes.
Ne congnoys tu cestuy, es mains du q̄l me mys?
Electra.
A qui? mais que diz tu?
Orestes.
Par qui ie fuz transmys,
Et par ta prouidence au Phoceus enuoye.
Electra.
Helas, & que mon sens estoit bien foruoye.
Las est ce cestuy cy, le quel seul ie trouuay
Fidelle au meurtre fait, & loyal approuuay?
Orestes.
C'est luy, plus n'interrogue, il m'a este tuteur.
Electra.
O iour sur tous ayme, o seul conseruateur
Des maisons d'Atrides, comment es tu venu?
Mais es tu cestuy la, par qui fut retenu
Le salut de cestuy, & aussi bien de moy?
O les trescheres mains, o cil qui euz en toy
Promptitude agreable a nous seruir de pie
Comment m'as tu cele long temps ton amytie?
Et ayant faictz plaisans, me perdoys de parolle.
O pere, ioyeux soys, car suys de ioye folle,
Et cuyde en te voyāt veoir mō pere. prēdz ioye:
Et saiches qu'auiourdhuy cōtre toy hayne auoye
Tāt grāde q̄ possible, & puys en la mesme heure
Ie t'ay ayme tresfort, de cela ie t'asseure.

Pedagogue.

Il me suffist assez, car tout ce quil s'ensuyt,
Nous pourrós dire apres, soit de iour ou de nuict
Par lequel tu pourras congnoistre apertement
Electra, ce qu'ay fait depuys mon partement.
 Mais vous qui assistez, ie vous faiz assauoir
Quil nous fault besoigner, & próptitude auoir.
 Clytemnestra seulle est, & nul hóme est leans;
Et si vous attendez a la longueur du temps,
Scaichez quil vous fauldra combatre ceulx icy,
Et d'aultres en grád nóbre, & plus prudens aussi.

Orestes.

Pylade, nostre faict plus ne veult long propos,
Ains nous y fault aller a ce faire dispos,
Apres que nous aurons aux ymaiges des dieux
Fait honneur & salut, qui habitent ces lieux.

Electra.

Roy Apollo, escoutte en clemence ces gens,
Et moy auecques eulx, qui ay selon mon sens
Et pouuoir fait offrande, a toy de tout mó cueur
O Lyce Apollo, ie te pry monseigneur,
Et supply, que tu soys prompt auxiliateur
Au conseil de ces gens, & de leur faict tuteur,
Et si monstre aux humains, quelle est la penitéce.
Que dieu fait aux meurtriers, répliz dirreuerécc

Chorus.

Voyez ou sen va Mars
Qui souffle par ses ars
Le sang contentieux,
Et les chiens perilleux
Qui sont ineuitables
Et du tout infuyables
Vindicateurs dexces
Vont pour veoir le deces
En la maison leans:
Parquoy non plus long temps
Mon songe au croq sera,
Car dieu laccomplira,
Et lauxiliatrice
Des morts, punissant vice:
Et tenant en sa main
Tout bouillant sang humain,
S'en va faire habitacle
Au riche tabernacle,
Et le filz de Maia
Sans dol la ne viendra
Mercure a se cacher
Pour leur vie arracher,
Plus guerre n'attendra.
  Electra.
De perpetrer le cas vng chascun d'eulx s'audce
O femmes, que plus iayme, attendez en silence.
  Chorus.

Comment finals que font ilz?
>Electra.
Elle pare vng hanap
Pour le seruice, aussi le mortuaire drap.
>Chorus.
Mais toy, pourquoy es tu sortie?
>Electra.
Pour regarder
Qu'Egistus ne suruint, & peust leur faict tarder,
Dont les dieux nous donnent raison.
>Clytemnestra.
He, he, he, he, las la maison
De secours deserte, & d'amys,
Pleine de mortelz ennemys.
>Electra.
Quelcun leans s'escrye, oyez vous sa clameur?
>Chorus.
Chose inaudite i'oy, dont i'ay tresgrāde horreur.
>Clytemnestra.
Helas moy souffreteuse. Egistus ou es tu?
>Electra.
Quelcun murmure la.
>Clytemnestra.
O filz, filz, ne veulx tu
Auoir pitie de celle
Qui t'a conceu en elle?

Electra.
De luy n'as eu pitie,
Ny porte amytie
A cil qui l'engendra.
Mal pour mal te rendra.
Chorus.
O cite malheureuse, o generation
De iour en iour par fort vas a perdition.
Clytemnestra.
Helas naurée suys.
Electra.
Double coup, si tu peulx.
Clytemnestra.
Helas, & de rechef?
Electra.
Qu' Egistus fust entr' eulx.
Chorus.
Les execrations
Ce sont sans fictions:
Et ceulx qui sont soubz terre,
Aux viuans font la guerre:
Car les mortz, ds meurtriers veullēt le sāg auoir
Vng chascun de cela peult exemple icy veoir.
Electra.
Et veoy les cy venir: la main toute sanglante
De Mars degoutte fort, as tu fait son entente.
O restes, dy le moy, comment va tout leans?

Oreſtes.
Tout va treſbien pour nous,touchãt ceulx de dẽ-
Si d'Apollo l'oracle eſt ſeur & veritable: (dans
Car ia treſpaſſee eſt la poure miſerable:
Ne crains plus q̃ honte ayt maternelle pouuoir
De te deſhonnorer.
  Chorus.
Taizez vous,car ie veoy
Egiſtus retourner,ſ'en mõ ſens ne foruoy.
  Electra.
Enfans,enfans,arriere,
Voyez le en la charriere,
Ou ioyeux vient a vous,
Il vient de veoir ſon cloux.
  Chorus.
Retiretoy ſoudain aupres des contreportes,
Et ſi n'as le cueur vain,de mieulx faire t'horteſ
  Oreſtes.
Prens cueur,car nous ferons
Selon que tu l'entens.
  Electra.
La doncques nous yrons.
  Oreſtes.
Ie marche,il en eſt temps.
  Electra.
Apres ie prendray peine
De parler doulcement
  F ij

Sans estre trop soudaine,
Ne monstrer hardyment,
Car ainsi est propice
A le faire venir
Au combat de iustice.
Cache le fault tenir.
  Egistus.
Qui scet de vous, ou sont les Phoceus estrágiers?
Lesquelz on dit auoir recite les dangiers
Des Pythicques tournoyz, & de la tumberie,
Et du nauffraige equestre, ou a laisse la vie
O restes? cest a toy, cest toy que i' interrogue
Toy qui le temps passe tât fiere estoys & rogue,
Tu le deburoys scauoir, veu qu'en es sollicite.
  Electra,
Et ie le scay tresbien, car s'el n'eust este dicte,
I' eusse peu estre loing du hazart, sans scauoir
Ce qu'en est arriue, soit bien ou mal pour voir.
  Egistus.
Ou sont les estrágiers? ne le veulx tu point dire?
  Electra.
Leans, & si ont fait des choses pour non rire.
  Egistus.
Comment? l'ont ilz dit mort tout veritablemét?
  Electra.
Non, mais ilz l'ont móstre, nó pas dit seullemét.
  Egistus.

Il nous est dócq pſent pour le veoir ſãs obſtacle.
Electra.
Preſent certes,& eſt vng merueilleux ſpectacle
Egiſtus.
Tu me faiz reſiouyr,ce qui n'eſt ton vſance.
Electra.
Tu pourroys bien auoir trop grád reſiouyſſãce
Egiſtus.
Ie vueil que lon ſe taiſe,& qu'on euure les portes
A tous Myceniens,& gens de toutes ſortes,
A ffin que ſ'aulcun deulx par eſperance vaine
V oulſiſt trop ſ'eſleuer,voye qu'il perd ſa peine,
R egardant d'Oreſtes,& contemplãt le corps,
Et vueille recepuoir plus doulcement mon mots
S ãs enfler trop ſõ cueur,& me cõtraindre a faire
C hoſe en le puniſſant,qui luy puiſſe deſplaire.
Electra.
Q uãt de ma pt ceſt fait,car p téps ſuys appriſe
O beyr au plus fortz,& deſcendre a leur guyſe.
Egiſtus.
O dieu,ie veoy vng cas,qui neſt pas ſans enuie
S i Nemeſis y eſt,mieulx vault q̃ rien nen diez
L a couuerte boutez hors de deuant les yeulx,
A ffin quil ſoit ploré de moy,ce ſera mieulx.
Oreſtes.
O ſte la toy,cela a moy en riens ne touche,
C eſt a toy a le veoir,& en faire l'approuche.

F iij

Egistus.
Tu m'admonestes bien, obeyr ie te veulx.
Ou est Clytemnestra? Appellez la vous deux.
Orestes.
Veoy la cy p̄s de toy, ailleurs point ne regarde.
Egistus.
Ayme, que veoy ie?
Orestes.
Auant? as tu peur? qui te tarde?
Egistus.
Qui sõt ces gẽs q̃ m'ont tire dens leur cordaige?
Orestes.
Long temps a q̃ ignoroys, q̃ toy vif, en langaige
Parloys comme les mortz.
Egistus.
Ayme, ie lentendz
Aultre nest qu'Orestes, qui parle. o piteux tẽps.
Orestes.
O bon diuinateur, long temps a qu'es deceu.
Egistus.
Poure, ie suys pery, ores lay apperceu,
Mais permectz q̃ ie die vng biẽ peu seullement.
Electra.
Las mon frere pour dieu ny faictz alongement,
Car q̃ tost doibt mourir, q̃l gaing peult il auoir
En prolõgeant la mort, q̃ tost doibt recepuoir?
Ains tue le foudain, & meetz le en sepulture

Telle q̃ vng tel meschãt doibt auoir p̃ droicture
Que ne le voyons plus,car il me fait nuysance.
Par ce moyen i'auray de mes maulx deliurance.
        Orestes.
Entre leans soudain,car il te fault combatre
Pour ta vie a present,sans plaider,ne debatre.
        Egistus.
Pour quoy me meynes tu leans en la maison?
Si ton faict est honneste,& garny de raison,
Tenebres ne luy fault,ny aultre cachement,
Ains tu me doibz tuer bien plus appertement.
        Orestes.
Ne nous commande riens,& entre dens le lieu
Ou mon pere tuas,car ainsi le veult dieu,
Et iuste en cest ẽdroit,fault q̃ tu preignes mort.
        Egistus.
Force est qu'en ce logis vcoye de fatal sort
Les maulx des Pelopides,presens,& aduenir.
        Orestes.
Des tiens i en suys diuin,vray le puys soustenir.
        Egistus.
Tu ne te vantoys pas de ton paternel art.
        Orestes.
Tu contrediz beaucoup,ce pendant il est tard,
Mais marche.
            Egistus.
Va deuant.

Orestes.
Tu iras le premier.
Egistus.
Point n'y contrediray.
Orestes.
Et pour ce coup dernier,
Ie te garderay bien que meures a plaisir.
Par raisõ nous fauldroit tous vng tel droit choysir.
Quiconcqs passeroit les loix, si tost mourust
Pas tant de malfacteurs en ce monde ne fust.
Chorus.
O genre d'Atreus, apres qu'a bien souffert
Tu as ta liberte a peine recouuerte
Par hardement
Finablement.

FIN De la Tragedie dicte Electra.

www.ingramcontent.com/pod-product-compliance
Lightning Source LLC
LaVergne TN
LVHW050611090426
835512LV00008B/1436